It's Never Too Late...
Nunca Es Tarde...

A Bilingual Story
By María Beatrice Romero

DEDICATION

To My Parents

José Nieves Romero

and

María Beatriz Cabrera

To My Children

Lisa and Joe

INTRODUCTION

I was born in Northern California … with each foot into two cultures. In a nutshell, that phrase describes my life.

Being born of Mexican immigrants with traditional values, I inherited those same ones while acquiring new ones in my birthplace. Blessed by parents who saw the acquisition of another language as a plus, I was encouraged to learn correct English at school, while only the Spanish language was used at home. Years later I questioned my parents about this practice. "We wanted you to learn to speak English correctly without an accent. Not to speak like we do." That was the answer.

"You were born in Northern California? Why did your parents go there?" you might ask. I, too, wanted to know. Also, I have found some background about and pictures of family members that formed and inspired me. This is my story.

* * * * *

The symbols reproduced in this publication are examples of artwork found in ancient Mayan temples and pyramids.

Uxmal and Chichen Itza are pyramids in Eastern Mexico that have been restored and are visited by thousands yearly from many countries.

Mysteriously, the Mayan Civilization vanished.

ACKNOWLEDGMENTS

Lynn and Bob Zalot in 1981 for creative use of traditional Mayan designs and precious family photos—all done by using a light table in their garage.

Peggy and Lewis Gundunas for use of their office space. Manuel Costa for his generous advice and encouragement.

Uncle Joe, Tía Teresa, Tía Pina, Arturo, Viola and Dora for believing in me.

So many well-wishers: Rusty, Rosario, Margaret, Miguel and Laura—
and unnamed others.

Gracias, thank you all for believing in my dream and helping to make it come true.

M. R.

NUNCA ES TARDE
It's Never Too Late ...

Una Historia Bilingüe
MARÍA BEATRICE ROMERO

PAULA MARQUEZ ── MAXIMIANO ROMERO ──1905

El Padre y La Madrasta de mi Padre José Nieves

CHAPTER I
EL PRINCIPIO

Cuando se principió este libro en 1981, el contenido solo era proverbios y dichos. Mi padre con mucho cariño me los había escrito
por su propia mano. Como fueron pasados sucesivamente de una
generación a otra, aunque sea también bosquejado, no puedo faltar
de añadirle historia familar. Tengo en mi posesión la autobiografía
de mi abuelo, la he incluido. También encluyo algunas fotos anti-
guas y otras más recientes de la familia.

Durante el invierno de 1981, visité los pueblos natales de mis
padres. Entrevisté muchos parientes y amistades con la esperanza
de sacar mas información y darme cualquier evidencia de donde
habían tenido sus principios. Es el único modo que me quedaba.
No se pudo encontrar ningún rastro en los tribunales ni archivos

de mis bisabuelos. Fundado en lo que recordaban los ancianos, tuve que más o menos adivinar lo demás.

Cuando quise hacer una engravación de mi padre recontando lo de su vida, tuve que parar la maquina cuando empezó a sollozar con sus recuerdos. Mi madre planamente no quiso. No le gustaba como se oía su vos en grabación. Decía que ella se "oía muy fea" punto. Tal vez, entre sus recuerdos habían muchos pesares que no quería revivir.

Después, en el año 2018, empece de nuevo a hacer más investigaciones. Con la ayuda de la tecnología nueva pude encontrar más información.

CHAPTER II
LA COLECCIÓN DE PROVERBIOS, DICHOS Y REFRANES DE MI PADRE

JOSÉ NIEVES ROMERO - 1971

3

Lo que sigue es una colección de proverbios y dichos que mi padre, José Nieves Romero Covarrubias,* escribio´ por su propia mano. Me regalo´ la colección en el año de 1971.

Una tradición Mexicana es que hay un dicho, proverbio, o un refran para cualquier ocasión. Mi padre no era excepción. Una parte natural de su conversación incluía proverbios o refranes.

Los jovenes lo buscaban para platicar y a veces pedirle consejos o preguntarle opiniones de ciertas ideas. Leyendas, refranes y proverbios le daban sazon a las respuestas de mi Padre.

*Nota: Los hombres Mexicanos, segun la tradición, usan el apellido de su madre después del de su padre. Mi abuela se llamaba María del Refugio Covarrubias. Pero el nombre "José Nieves" no es comun. ¿Por qué se llamo' Nieves? Esa pregunta se hacía mucho.

José Nieves nacio' el 5 de agosto. Esta fecha se dedica a Nuestra Señora de Las Nieves. La leyenda es que Nuestra Señora María se apareció a unas personas en Roma en al año domino 352 y les pedió que se construyera una iglesia. María también les dijo que ella mandaría una seña del lugar.

Pasó que un día muy caluroso, el 5 de agosto 352, cayó mucha nieve y cubrió solamente una colina en Roma que se llamaba

Esquiline. Se declaró un milagro y se empezó La Devoción a La

Señora de Las Nieves.

El mas amigo es traidor y al mas verdadero miente

Nunca tomes camino por vereda

El que escupe para riva en la cara le cae

El que mucho abraza poco aprieta

El que de mañana se levanta pierde una hora de sueño pero
en su travajo adelanta

No todo lo que relumbra es plata

Nunca cambies oro por plata

Mas vale un pájaro en la mano que cien bolando

No hay mas mejor torero que el que está en la barrera

Los mas mejores consejos son los que el tiempo da

En boca serrada no entra mosca

El que al buen árbol se arrima buena sombra lo cobija

Mas vale paso que dure y no trote que canse

El hombre aprehendido jamás es vencido

El que nunca atenido y llega a tener loco se quiere volver

Del cielo a la tierra no hay nada oculto

Para los toros de la hacienda del jaral los caballos de allí mismo

No hay mal que por bien no venga

El que por otro pide por si aboga

No hagas a otro lo que no quieras para ti

Con dinero baila el Chango y sin dinero baila como Chango

Un grito a tiempo es la vida de un Christiano

Dime con quien andas y te diré quien eres

El que temprano se moja tiempo tiene de secarse

Los parientes y el sol entre mas lejos es mas mejor

El que al altar sirve del altar vive

La mentira dura mientras la verdad parese

La vida es corta y la joventud es mas

El amor y el interes salieron a desafiarse un dia
y pudo mas el interes que el amor que le tenia

Tanto tienes tanto vales nada tienes nada vales

El que dise la verdad no peca pero incomoda

Tanto peca el que mata la vaca como el que le tiene la
pata

Pues ella se ausento sin hacerle nin motivo con
tres dias que no comió ya no quiso estar con migo

Mientras el tiempo dure campo tiene la esperanza

No hay plaso que no se llegue ni droga que no se
pague

Del teorico al practico hay mucha diferencia

El que tiene mas saliva come mas pinole

Mas vale un mal oficio que un buen travajador

De lo dicho a lo hecho hay mucho trecho

Solamente que el mar se seque no me ballaran sus holas

La suerte deve ser rodiada y no buscada

El traje hace al monje

En la arca abierta el mas justo peca

Has bien y no veas a' quien

Si quieres saber quien es vive con el un mes

No te fijes en lo que pasó fijate en lo que pasará

No se puede repicar e ir ala prosecion

Todo cabe en un costal sabiendolo acomodar

Con hambre no hay pan duro

Las penas con pan son buenas

El que adelante no ve atras se queda

Cuando está abierto el cajon el mas honrado es ladron

9

Barriga llena corazon contento

A la cuesta bajo hasta las piedras ruedan

Llavaras el caballo a el agua pero no la horas que beba

La piedra movediga no cria mos

El que quira tener becerro que compre la vaca

El que quiera queso que lo cuaje

El que sigue dos liebres sin ninguna se queda

Lo que de noche se hace de dia parece

El salario es de acuerdo con el trabajo

El ser pobre no es deshonrra.

El que quiere al sol quiere a las hojas alrededor

En cada tierra su uso y en cada casa su costumbre

En camino trillado no crese hierba

El que en mentira es cojido cuando dice la verdad no es querido

Cómo yo era la única hija y no tenía hermanos, mis padres y yo andábamos juntos casi todo el tiempo. En donde quiera que iban ellos, también iba yo. Casi los únicos lugares que no iba yo, eran las reuniones de los Caballeros de Colón y El Instituto de Damas. Papá asistía los martes y mi Mamá los miércoles cada mes.

DÓNDE VA EL VIOLÍN VA EL VIOLÓN

A pesar de haber nacido los dos en Jalisco, Mexico, no se conocían mís Papás antes de venir a vivir en Eureka, California. Esta pequeña ciudad se encuentra al norte de San Francisco, cerca de la frontera de Oregon, al lado del Oceano Pacifico. "El Destino", me contestaban cuando vez tras vez yo les rogaba que me contaran como se habían conocido ... "El Destino."

Me contaban lo que sigue:

Mi Padre trabajaba en el molino de madera, Hammond Redwood Lumber Company, al otro lado de la bahía de Humboldt y de Eureka en un pueblecito que le pertence al molino. Se llama este lugar Samoa. Los dos hermanos de mi madre, José y Jesús Cabrera también trabajaban allí y se hicieron amigos de mi padre. A Jesús le gustaba tocar la guitara y cantar. Se empezaron a acompañar, él en la guitarra y mi padre en la mandolina. José se dedicó a bailar Bailes Latinos y pronto se hizo tan popular que el periódico, The Humboldt Times, le dío el titulo de El Rudolfo Valentino del Baile.

Mientras, Jesús Cabrera y José Nieves empezaron a tocar en fiestecitas y tener reputaciónes de ser músicos talentosos. Con el tiempo fueron invitados a tocar por la clase nocturna de la Señorita Lena Guidery. Se llamaba La Clase de Inglés para Extranjeros. Mi madre, Beatriz Cabrera y sus dos hermanas, María y Francisca, acompañadas por mi abuela, asistían a esta clase. Poco después de esta presentación musical por Jesús y José Nieves, el Señor José Nieves Romero fué invitado a la casa de los Cabrera. A mi abuela, se le hizo este señor muy respetoso y símpatico.

La historia del encuentro continua:

José Nieves vivía en la misma Calle Seis, unas cuántas mazanas de lejos. Beatriz con frecuencia barría los escalones de su casa a la misma vez que pasaba él. José Nieves saludaba con sombrero en mano. A Beatriz le daba mucha vergüenza y corría a esconderse detrás de la puerta grandísima de la casa Victoriana.

Cuándo ya no era yo niña, mi padre le agregaba a este cuento: "No podía escaparme. No tenía remedio más que enamorarme de tu Mamá!"

Entonces se reía y volteaba aver si se había oído.

Mi madre hacía el papel de ponerse brava y contestaba, "Sábes que son puras mentiras, no es cierto! Ya quisieras!"

LA VERDAD NO PECA PERO INCOMODA.

Mi padre había cumplido 39 y mi madre 34 años cuando se casaron el 2 de diciembre de 1929 en la Iglesia Católica de St. Bernard en Eureka.

MIS PAPÁS BEATRICE CABRERA ROMERO Y
JOSEPH NIEVES ROMERO - 1973

Mi padre casi siempre tenía tiempo para charlar con todo mundo, jóvenes o ancianos. Casi todos. No más no hacia momentos cuándo andaba en su ropa del trabajo y llegaban las amigas de mi madre. Mi padre las saludaba con mucha cortesía y aún les ofrecía una copita de vino dulce. Cuándo estaban bien sentadas con sus refrescos, se desaparecía silenciosamente del cuarto. Muchas veces, alguna señora se sorprendía. "Dios mío! ¿Qué le pasó a José?"

A veces, cuando era yo niña, me mandaban a buscarlo. Habían muchos lugares en donde buscarlo. ¿Estará arriba en su recámara?

Tal vez esta en su "taller," un cuarto pequeño que él se había hecho afuera en el jardín para poder estar solo. Veces lo encontraba nomas sentado tranquilamente en el carro. Su tesoro era un Oldsmobile de cuatro puertas hecho en 1939. Era de color verde. Cuando lo encontraba aquí, me señalaba con su cabeza que realmente NO estaba. Ya que volvía para entregar mi reporte, sentía yo que la conversación estaba tan interesante, que tanto yo como mi padre nos habían olvidado. Ya después, yo también aprendí a desaparecerme antes de, "María Beatriz, por favor tócanos el piano."

A veces me hacía de rogar. Pero no tenía porque haberme apurado por tocar notas incorrectas. Casi siempre mi música era fondo para la conversación de las invitadas de mi madre.

MARIA BEATRICE ROMERO Y ABUELITA DOMINGA

En frente de la casa de mi Tía Josefina,
Samoa, California - circa 1934

CHAPTER III
ROMERO, EL SIGNIFICADO

ROMERO, es un sustantivo que quiere decir peregrino, hierba; también es un adjetivo, viajando por cuenta religiosa.

Romero, el apellido, se puede encontrar en muchos países del mundo. De donde exactamente vinieron los antecesores de mi padre no se sabe. Maximiano Romero Ramirez, mi abuelo y padre de José Nieves, vívía en Santa María de los Ángeles, Jalisco, Mexico. Pero no se sabe en donde nació. Este pueblo se encuentra en el nordeste parte del estado cerca de la frontera del estado de Zacatecas. Porque está al lado del Río de Colotlán, hay muchas siembras. Cada año hay mucho aguacate.

Ni el nombre de Maximiano ni el de su esposa (mi abuela María del Refugio Covarubias) se encuentran en los archivos del pueblo. Tampoco existen dentro los archivos de la Parroquia.

Hay varias razones porque no se encuentran. Los tres principales razones son:

1.) Los revolucionarios quemaban y destruían documentos y las oficinas públicas.

2.) Documentos públicos realmente no existían porque el pueblo era muy chico y toda la gente sabía los datos importantes.

3.) Si documentos deveras existían, es posible que por falta de cuidado y el tiempo, se habían perdido.

MAXIMIANO ROMERO EN SUS PALABRAS

La siguiente autobiografía es de mi abuelo, Maximiano Romero Ramirez. Se la mandó a mi padre en 1928.

Según mi concepto, mi nacimiento fué en agosto del año de 1861, mis padres fueron Tomás Romero y Marcelina Ramirez. Cuando yo nací, eran años de revolución Francesa. Mi acta de nacimiento no esta registrada en el archivo civil. Tendría unos seis años cuando por este pueblo pasaban las fuerzas Francesas que iban abandonando el país, y por eso tuve que conocerlos.

Como a los ocho años de edad comensé m escuela con las Señoras Morales. Fué donde conocí las primeras letras de la cartilla. Me iba en la mañana y me hacían gorditas para volver hasta la tarde. Estas Señoras vivían en la entrada del Barrio de Tapias. Después que había escuela del Gobierno, asisté allí varios años. Tuve muchos maestros, entonces la escuela daba clases de enero a junio.

Entrando el temporal de lluvias, se suspendía sin practicarse examen ninguno. Esto era así todos los años. El último maestro que tuve fue Don Antonio Soto con quien aprendí lo poco que sé. Estuvo él muchos años y cuando se cerraba la escuela, yo ocurría a su casa de mi profesor y me daba enseñanza de todo principalmente de matemática que era lo que yo ambicionaba.

Así pasó ese tiempo y como a los 18 años de mi edad iba al trabajo a ganar el miserable sueldo de 18 centavos diarios de sol a sol.

El año de 1880 murió mi padre y yo era quien mantenía la familia. Este mismo año entré a servir a la casa de los Mendez. Yo era llavero de las trojes, ganado 10 pesos mensuales y ración cada ocho días. Mejoró un poco mi situación.

A principios del año del 1881 entré de dependiente a la tienda de la misma casa con sueldo de 25 pesos mensuales y me daban la asistencia. Aquí me estuve como año y medio porque entregaron la finca a otro dueño.

El año de 1882 me fuí a aventurar. Tomé rumbo de Guadalajara. Seguí para Tepic hasta el puerto de Mazatlán. Estuve una temporada trabajando y cuando me vine en enero de 1883, fui atravesando la Sierra Madre a salir a Durango. Hice 9 días de camino a pie.

Pernocté en Durango tres días, luego seguí rumbo a Sombrete hasta llegar a Zacatecas el día 5 de febrero. A los dos días conseguí trabajo con los Yng que andaban trazando la línea del ferrocarril. Nos fuímos para Aguascalientes y llegamos hasta Villita de Encarnación. Luego nos devolvimos y seguimos rumbo a Fresnillo hasta llegar a San Juan de Guadalupe. Ganaba yo entonces un peso diario en quehacer muy sencillo porque conocía números. Nos venímos otra vez para Zacatecas y luego me vine a ver a mi madre. Ya permanecí sin salir a ninguna parte, trabajando en lo que había, es decir, en trabajos comunes.

En 1886 comenzé a prestar mis servicios en las oficinas publicas. Este mismo año me casé y me dejé de venturar. Estuve de escribiente en el Juzgado cinco años.

En junio de 1899 me fuí para Colotlán que por cierto estuviste en la escuela, lo mismo las muchachas (tus hermanas).

En 1901 estuve en la Hacienda del Cuidado empleado en el Secretario de la Presidencia y nuevemente y por segunda vez tomé posesión del empleo donde permanecí veinticinco años continuos de trabajo hasta mi separación el 31 de marzo del presente año de 1928 por lo que digo fué donde se desgastaron mis energías.

En mayo de 1905 me casé por la segunda vez.

En el 10 de diciembre de 1916 comencé a sufrir una enfermedad grave con Fiebre

Paludica, según la opinión medica, luchando entre la vida y la muerte. Duré al fin dos meses para restablecer la salud.

Estos apuntes son los datos más salientes de la historia de mi vida, los que mi memoria se da cuenta.

Santa María de los Ángeles, Jalisco
Julio 27 de 1928

Maximiano Romero Ramirez
21 de agosto 1861 – 31 de marzo 1931

CHAPTER IV
JOSÉ NIEVES ROMERO
SU HISTORIA

Mi padre, José Nieves Romero Covarrubias (su familia lo llamaba Nieves) nació el 5 de agosto de 1890 en Santa María de los Ángeles. Este pueblo está localizado al nordeste del estado de Jalisco, cerca de la frontera de Zacatecas. Se encuentra en una area remota que no mas últimamente puede declarar con orgullo que ya tienan un puente que se pude usar durante todas las estaciones del año. Aunque pequeño el pueblo, era de mucha importancia. Teniendo mucha huerta, traía bastante industria y comercio a la gente de Santa María. Siempre había suficiente para comer.

José Nieves fué el primer hijo después de dos hermanas, Ynez y María. Él era el consentido de sus padres y de sus abuelos.

Según sus memorias, todas las familias se juntaban y había mucha alegría, música, y también muchas reuniónes religiosas.

Los Tíos Tomasa y Pedro Macías vivían en Colotlán, a unos seis kilómetros de lejos. Los Romero se reunían a veces caminando a pie, otras a caballo para asistir a las fiestas y las celebraciones religiosas.

Cuando mi padre tenía 13 años, su madre María del Refugio Covarrubias se murió de parto. Dejó siete hijos de dos a diez y seis años de edad. Nieves se puso muy triste. Cuando empezó su padre a tener una novia, a Nieves le dió mucho sentimiento y se fué a estarse con sus tiós en Colotlán. Su padre fué por él. Quería que su hijo entendiera que solito se sentía él de viudo y que tenía la ilusión de hacerles casa a sus hijos con una mamá nueva. Para que todos se sentieran igual, Maximiano construyó otra parte de la casa para su segunda esposa, Paula Marques. Ella era una viuda, joven y bonita con una niña Mathilde. Paula tenía 21 y Maximiano Romero 45 años cuando se casaron en 1905.

Nieves volvió a salir de su casa en 1906 pero esta vez fué con la bendición de su padre y con 20 pesos brillosos en la bolsa. No se sabe por cierto cual camino tomó para llegar a los Estados Unidos.

Caminaba a pie y muchas veces tenía que devolverse por cuenta de los caminos malos debido al tiempo. Otras veces seguía la construcción de la via del ferrocarril. Por fin, cruzó la frontera cerca de Mexicali. Realmente, cruzó y volvió a cruzar como era la costumbre de muchos de Mexico y de los Estados Unidos que seguían la cosecha.

El modo principal de transportar frutas y vegetables frescos, era por tren en carros lleno de hielo. Yo me acuerdo de un cuento en donde mi padre encontró unos melones caídos a medias de unos pedazos de hielo que se habían tirado mientras que se estaban llenando los carros helados. Él no había comido todo el dia y empezó a comer un melon detrás de otro sin pensar del efecto … hasta mas tarde esa noche y hasta el dia siguiente! Cómo se reía cuando se acordaba.

CON HAMBRE NO HAY PAN DURO.

Nieves trabajaba en lo que encontraba, en lo que podía. Me contaba de las veinte mulas que traían las cargas del boraxo cerca de Mojave. Otra vez se fué a Stockton que apenas empezaban un canal para llevar agua para el Valle de San Joaquin.

Otro trabajo que le gustó fué con un Japonés que le decían, El Rey de la Patata. Esto estaba por el lado de Sacramento. Durante ese tiempo, aprendió comer comidas Japonesas y también aprendió el significado de la ceremonia de los baños.

Mi padre también me contaba de un pueblito que se llamaba Lankershim cerca de la ciudad de Los Ángeles. Situado entre esa ciudad grande y el Valle de San Fernando, aquí se paraban las diligencias para descansar y para cambiar caballos. Las siembras de sandía que habían entonces, hoy es donde diario pasan cienes de autos y se llama el Hollywood Freeway.

Lankershim en estos días es North Hollywood.

Una vez, muchos años despúes, cuando mi padre nos llevó a mi madre y a mi a un viaje a Los Ángeles por tren, nos enseñó una calle que se llamaba Hill Street.

"Aquí," nos dijo, "Yo ayudé a poner los carriles para el tramvía que iba a ir a Lankershim."

Se puso a pensar y despúes de mucho rato, me miró. Con un gran suspiro me declaró,

"LA VIDA ES MUY CORTA Y LA JOVENTUD ES MÁS."

En 1920, mientras que mi padre trabajaba en hacer un camino que iba a ir del condado de Humboldt hacia Trinity, hubo una explosión.

Un hombre se mató y Nieves quedó enterrado completamente. Afortunadamente, lo pudieron sacar inconsciente, y pronto lo llevaron al hospital. Así quedó por tres dias. Cuando revivió, Nieves se encontró con una pierna quebrada. No pudo trabajar por muchos meses.

Mientras que se estaba recuperando, se puso a dominar hablar y leer el Inglés. Le tómo mucho esfuerzo, pero él mismo se enseñó a escribir y leer esta nueva idioma.

Cuando ya pudo irse a trabajar, se fué con la compañía de madera que se llamaba Hammond Redwood Lumber Company. Situada en Samoa, estaba muy cercana de Eureka y de Arcata (este último lugar fué en donde había estado en el hospital). ¿Quién le hubiera dicho que aquí se iba a casar y quedar por 58 años?

José Nieves vivió a celebrar su cumpleaños de 88. Fué el mismo año que el Papa Pablo VI le conferió la Medalla de Benemerenti. Un honor que aceptó humildemente con mucha dignidad.

Se impresionó muchísimo con este honor y soñaba un viaje a Roma para personalmente darle las gracias al Santo Papa y darle un apretón de manos. Aunque se murió Pablo VI y era Juan Pablo II, yo cumplí con este deseo el 29 de octubre de 1980 en Roma, Italia.

NUNCA ES TARDE CUÁNDO EL BIEN LLEGA.

CHAPTER V
LA FAMILIA CABRERA Y SU HISTORIA

CABRERA, este apellido viene de la palabra CABRA. Hay una isla en la costa de España que viene siendo parte de las Islas Baleares que se llama Isla Cabrera. Como se había dicho que la familia Cabrera o había venido de allí o tenía sus principios allí, yo hice un viaje a conocer por allí y para buscar la historia familiar. Quería poder pasar la información a los demás de la familia.

La Isla Cabrera es una fortaleza militar que le pertence a España. En un tiempo fué una prisión para soldados Franceses que fueron capturados durante las guerras entre España y Francia. Como un total de 8,000 prisioneros Franceses fueron internados en esta isla y los dejaron con pocas provisiones y materiales. Casi no había nada mas que cabras que brincaban de un lado a otro por el territorio salvage. Los prisioneros tenían que construir el cuartel y excavar el pozo.

Muchos se murieron durante este tiempo porque no tenían viveres y las condiciones para existir eran muy pobres. Según los documentos que me permitieron estudiar en la Biblioteca Nacional de Majorca, nomas algunos 800 hombres quedaron vivos cuando los recataron y los mandaron de vuelta a España y Francia. Dicen que porque tenían reputación de haber sido prisioneros, algunos de los hombres renunciaron sus apellidos Franceses y simplemente usaron el nombre Cabrera. Otra idea popular es que los niños de estos mismos hombres no conocieron a sus padres y usaron el apellido de Cabrera porque no tenían otro.

El apellido Cabrera se encuentra en muchos países Europeos. En efecto, encontré un Santos Cabrera (el mismo nombre de mi bisabuelo) en Francia. Hablé con él y le pregunté si él tenía alguna idea de donde eran sus antecesores y él no pudo o no quiso darme ninguna información.

Me sentí frustrada de estar tan cerca y de no poder sacar la información que yo buscaba. Hubo varios Cabreras que conocí y además de tener conversaciones agradables y sociales con ellos, nada mas puedo asumir que las personas esteban molestas porque no estaban muy interesadas o en otros casos que deveras no sabían.

A otros se les hacían difícil creer que yo nada mas venía con el propósito de buscar información histórica y que de veras no venía con la ilusión de encontrar un tesoro perdido.

CHAPTER VI
DE GUADALAJARA, MEXICO, A EUREKA, CALIFORNIA

Mi madre, María Beatriz Cabrera nació en Santa Catarina en el estado de Jalisco, Mexico en el 29 de julio de 1895. La mayor de siete niños, era muy pegada a su madre Dominga Ahuayo Cabrera y a su padre Quirino Cabrera. Tres hermanitas y tres hermanitos la siguieron. Pero apenas había complido 9 años Beatriz (su familia no la llamaban María) cuando de repente se murió su padre. Fué un golpe muy fuerte para la familia.

Su madre, Dominga, con tanta familia, no tenía ni una idea como llevar los negociós del rancho de su esposo. Poco a poco se le acabó todo; el ganado y el terreno. Empezó a coser camisas adornadas y Ajuarres de novia.

La hermana de Dominga, Fermina, se había casado con Juan Diaz Rivera, y esta familia vivía en Zacoalco, una población cercana. Tío Juan era muy generoso y tenía muchos terrenos y un rancho grande. Recogieron a la familia Cabrera y se los llevaron a Zacoalco. Allí duraron hasta 1910 cuando Beatriz y su madre y hermanas se mudaron a Guadalajara. No mas un hermano, Jesús las acompañó. Los dos hermanos mayores, Santos y José (no lo llamaban por su propio nombre de Exiquio) se quedaron en Zacoalco para ayudarle al Tío Juan.

Beatriz le ayudaba a su madre a coser y también trabajó en varias tiendas. Su favorita fué con el Sr. Juan Montoya en La Dulcería La Nacional. Los empleados eran bien tratados y Beatriz se acordaba mucho de los ponches de leche y panes dulces que les regalaban.

En 1912, su hermana Joséfina se casó con Álvaro Toscano. Este jóven era muy legál y estaba contra de los del poder político en esa región. El Casique lo quisieron matar y por eso, una noche muy calladitos, se huyieron. Se fueron de Jalisco, de Mexico y por fin pasaron la frontera en Texas. Esto pasó en el año 1917. Tomaron años hasta que llegaron a California.

Siguieron hasta que llegaron a un pueblito en donde Álvaro se hacía la vida en los molinos de madera. Este pequeño lugar se llamaba Samoa, en la orilla de la bahía de Humboldt. Aquí Joséfina y Álvaro se hicieron Papás cuando nació hijito Rubén.

Cuando la madre de Beatriz supo que habían llegado bien, le dió mucho gusto y pensó algún dia ir a verlos. Nadie suponía que iba ser tan pronto el viaje y la trajedia que los esperaba.

Joséfina estaba en su casa un dia lluvioso con su hijito Ruben. Casi se tumbó la puerta con la fuerza cuando el vecino entró y le gritó que viniera rápido, que había pasado un accidente en el molino. Mas vecinos llegaron adentro.

"Deje el niño, estará cuidado!" gritaron.

Con el corazón en la boca, Joséfina obedeció y corrió a donde estaba trabajando su Alvaro. No la dejaron verlo. Un pedazo de palo había entrado torcido en la sierra y la maquinaria no funcionaba. Alvaro había tratado de aflojar el palo. En de vez, los ganchos lo agarraron como un pez. Para Joséfina, el dia se le hizo en ese momento hasta más lluvioso y más obscuro.

Mandaron a decirles a las familias de Guadalajara y Dominga rápidamente hizo sus planes para irse a ayudarle a su hija y su único nieto. Como ya se había venido Jesús (hermano de Beatriz) a los Estados Unidos, él y Joséfina le ayudaron a Dominga con los arreglos. Se decidió que Dominga no viajara sola.

No se sabe mucho del viaje. Solo que Dominga cruzó la frontera de los Estados Unidos en El Paso Electric Railway Co., Texas el 16 de enero de 1922. Dice en su solicitud que el objeto del viaje a San Francisco era de "traerse una hija que reside en ese lugar."

Despúes de estar en Samoa un poco tiempo, Dominga mandó por Beatriz y sus hermanas. Estos años eran tiempos revolucionarios. Carranzistas, Villistas y banditos andaban matando, robando y llevandose a las muchachas. Dominga no quería dejar solas sus hijas.

A los 26 años de edad, Beatriz y sus hermanas, María y Pachita (no le gustaba su nombre de Francisca) cruzaron el puente de El Paso en el 10 de marzo de 1922. En ese tiempo, se pagaba $8.00 de impuestos para entrar a los Estados Unidos. Viajaban con una Tía Serafina que se quedó con parientes en San Francisco.

Ninguno de los hijos de Quirino y Dominga quedaba en Mexico. Santos se había venido a trabajar en Kansas.

También José se había venido a trabajar en Texas y luego salió para Kansas. (Él después se vendría a Samoa también y se quedaría en Eureka hasta 1964. En ese año se iría a vivir otra vez en Guadalajara con su esposa Teresa Flores.)

De Samoa, cruzando la bahía de Humboldt, está la ciudad de Eureka. Aquí se mudó la familia Cabrera en una casa estilo Victoriana que se había tríado en una balsa por la bahía desde Arcata. Arcata esta´ a la otra orilla de la bahía.

Beatriz se quedó en Eureka hasta 1927 cuando ella y su hermana María y hermano Jesús (después se cambió su nombre a John) se fueron a estudiar el arte de peinar a la California School of Cosmetology an la famosa calle Market en San Francisco. Todos pasaron los requisitos y exámenes y el Estado dc California les entregó sus licencias.

Beatriz después fue dueña de su própio negocio y permaneció más de cuarenta años en Eureka con su Artistic Beauty Shop. Su licencia seguiría en efecto hasta después de su muerte en 1980.

Mientras, durante sus dos años en San Francisco, Beatrice (también se había cambiado su nombre) estaba recibiendo cartas con frecuencia del Sr. José Nieves Romero de Eureka.

Se hicieron novios y luego se comprometieron casarse.

Beatrice se cambió su nombre a Mrs. Joséph N. Romero el 21 de diciembre, 1929 en Eureka. El Señor Cura Ryan los casó en la Iglesia de St. Bernard. Sus padrinos fueron su hermana Mary Cabrera y James Campbell, un amigo de Joe. Los recién casados se fueron por tren a un pueblito que se llama Willits. No pudieron ir más lejos porque nomas tenían unos cuantos días para su viaje de bodas. Se quedaron en el Hotel Willits.

Beatrice y Joe volvieron a su casita en la Calle A y Long en Eureka. El 22 de octubre, 1930 nació la niña Mary Beatrice. Unas semanas después, Beatrice tuvo que tener cirugía. Qué tristeza saber que no iba haber hermanos para la niña bebé.

Durante esos años de Depression, porque no había trabajo seguro, los pagos de la casa no se pudieron hacer. Los Romero se mudaron a la casa de Dominga Cabrera. Pues, Dominga se había quedado sola. Joe ahora le ayudaba a su suegra con el jardín lleno de verduras. También cuidaban conejos y gallinas La casa Victoriana se había convertido en departamentos.

En 1932, después de que Mary se había regresado a Eureka, ella y Beatrice abrieron su salón de belleza en la calle cuatro. Se émpezaban a mejorarse ya que Joe trabajaba todos los días.

El futuro se veía mas alegre. Entonces fué que pasó otra trajedia.

Una noche, durante el año de 1934, una quemazon empezó en unos de los departamentos que se aquilaban. La noche se llenó de gritos y bomberos. Todos se recatarón sín mal pero la antigua casa estilo Victorina perdió su tercer piso que le daba mucha elegáncia.

Dos cosas importantes ocurrieron en 1937. Dominga Cabrera de repente su murió. Duró enferma solamente cinco días. Esto fué en febrero. Por mucho tiempo, ya no hubo alegría. En ese mismo año, la casa que Joe Romero estaba construyendo, se terminó. Los tres Romeros se cambiaron a esta casa de seis cuartos y de dos niveles en el otoño. Era una casa hecha de la mejor calidad madera de redwood. Beatrice ahora trabajaba sola en su propio salón (Artistic Beauty Shop) que Joe le había construido en la calle N al lado de la casa Cabrera.

Años pasaron y Joe y Beatrice se hicieron Ciudadanos de los Estados Unidos. Hija Mary Bea se graduó de Nazareth Academy, Eureka Senior High School y Humboldt State College.

Mucho despues (1966) se recibió de la Universidad de Stanford con título avanzado. Presente estuvieron los Romero y nietos Lisa y Joey.

La familia Romero participó en otra boda en St. Bernard's en 1957 cuando se casaron Mary Bea y Jim Scott. Bea y Joe iban seguido a Redwood City en donde los Scott vivían.

Lisa Scott les nació a los Scott, dandoles a Beatrice y Joe el titulo de Abuelos. Tres años pasaron y Joséph Michael nació. Ya la familia Scott se completó.

Que encantados estaban todos! Ya habia una niña y un niño. Que alegría!

Durante estos últimos años, Joe Romero se jubiló de Hammond Lumber Co. que para entonces se llamaba Georgia Pacific. (Mucho mas después le cambiaron el nombre a Louisiana Pacific.)

En el año 1971, un Señor Cura de la iglesia, (St. Bernard) amigo de Joe, le preguntó, "Mr. Romero, pudiera usted ayudarnos en la Iglésia mientras nuestro ayudante está en vacación?"

Joe pensó que fuera una buena idea. Beatrice, mientras, seguía trabajando en su salón que ya ahora estaba en un edificio nuevo en la esquina de las Calles 5 y N.

"Dándoles una ayuda a la iglesia" duró hasta 1977. Fué un trabajo que Joe tomó con seriedad. Algunas veces, cuando Joey y

Lisa estaban de vicita en Eureka, Grandpapa y Grandmama Titi los llevaban al Parque de Sequoia para jugar y para darles de comer a los animales en el jardín zoológico. Otras veces, Joe se llevaba a Joey con él a la iglésia para "que me ayude."

En 1967 la familia Scott se mudó a Sunnyvale, un lugar cerca de San José. Grandpapa empacó sus cepillos para pintar y su hieramenta para ayudar a poner la "nueva" casa en orden.

Durante la primavera de 1978, Joe se puso muy grave con una enfermidad que sería su última. Él y Bea se fueron a vivir con la familia Scott en Sunnyvale. La casa que ellos habían hecho en Eureka se quedó triste y silenciosa.

En Mountain View el 26 de septiembre, 1978 en El Camino Hospital, Joséph Nieves Romero dejó a su querida Beatrice. Él había bendicido toda la familia antes de dormirse para siempre.

Beatrice vivió un poco más de dos años. Pues como habían estado casados casi 49 años, le hacía mucha falta su Joe. Se murió quietecita y sin sufrimiento el 11 de diciembre, 1980 en el Sunnyvale Convalescent Hospital.

Los dos duermen juntos en un cementerio que tiene vista sobre la Bahía de Humboldt.

LA FAMILIA ROMERO-SCOTT - 1968

PHOTOS

LAS FAMILIAS ROMERO

LAS FAMILIAS CABRERA

OLD AND RECENT PHOTOS OF THE ROMERO FAMILY

These pictures of my cultural past are a background to my life as it is.

MARIA RUIZ —DOMINGA AHUAYO 1902

SANTOS CABRERA —— QUIRINO CABRERA 1880

LA FAMILIA CABRERA 1901

JOSEFA, DOMINGA, SANTOS, QUIRINO, BEATRIZ

EXIQUIO JOSE- 6 meses, MARIA 1½ años

MARÍA CABRERA, ELIZA DIAZ, CONCHA DIAZ, ENEDINA DIAZ
MAGDALENA DIAZ, TIA JUANITA DIAZ, BEATRIZ CABRERA, JESÚS
DIAZ, TERESA DIAZ, FRANCISCA CABRERA, AUGUSTIN DIAZ
FIRST COUSINS - 1914.

BEATRICE AND DOMINGA CABRERA.
MY MOTHER AND GRANDMOTHER - 1929.

MISS BEATRICE CABRERA
Joins Daly's Beauty Salon

Miss Cabrera, formerly of the Palace, is an expert Finger Waver and well known also for Permanent Waving and general Beauty culture. The staff of Daly's Beauty Salon now includes:

LESLIE DAVIES, Permanent Waving and Hair Cutting.

DELLA SAGE, specializing in ELECTRIC Facials, Electric Scalp Treatment and Manicuring.

BEATRICE CABRERA, Finger Waving and general operator.

Eureka Catholic woman is 'Quotarian of the Year'

Mrs. Joseph Romero has been named Quotarian of the Year by the Quota club of Eureka and was honored along with Mrs. Wayne Harrison, Woman of Achievement, at a public dinner in the O. H. Towne House on Feb. 25 at 8 p.m.

Mrs. Romero is active in many community groups, particularly at St. Bernard's Catholic.

Mr. Romero was employed by Hammond Lumber company for 37 years and Mrs. Romero owned and operated her own beauty shop for 43 years, retiring two years ago.

They have one daughter, Mrs. James Scott, Spanish language consultant in the Redwood City schools, and two grandchildren.

Both Mr. and Mrs. Romero are natives of Mexico and are naturalized American citizens.

Mrs. Harrison is being honored because of her work as a foster home mother and shelter care home mother, a leader in Parent-Teachers association, and inter-denominational church work, particularly with children.

MRS. ROMERO
. . . active

Telephone 556   Beatrice Cabrera Romero

The Artistic Beauty Shop
- Specializing in -
All Kinds of Beauty Work

527 N STREET   EUREKA, CALIF.

GRANDMOTHER DOMINGA AND MARY BEATRICE. NEW HOUSE.
UNCLE JOE CABRERA IN BACKGROUND - 1936

JOSÉPH ROMERO RECEIVES KNIGHTS OF COLUMBUS
MAN OF THE YEAR AWARD – 1975

SOBRE LA AUTORA

Con una máquina eléctrica de escribir alquilada, María Beatrice Romero empezó a escribir, en 1981, un cuento bilingüe, "Nunca Es Tarde/It's Never Too Late."

En escondidas empezó su amor de leer y escribir con las monjas, Sisters of St. Joseph of Orange.

Siguió' esta pasión con su primera tarjeta de la Bibioteca Pública. La Jefa de la Eureka Public Library era Helen Bartlett. Ella también la avanzó con su apoyo y guianza.

The Humboldt Times la hizo periodista. Le dieron uno de sus primeros trabajos. Escribía un reporte semenal de los eventos escolares. Este reporte se llamaba "Eureka Senior High School Correspondent."

Le da alegría saber que sus hijos, nietos, y bisnietos todos tengan el mismo amor de leer y escribir.

Ella vive en el área de San Francisco.

IT'S NEVER TOO LATE
Nunca Es Tarde...

A Bilingual Story

MARÍA BEATRICE ROMERO

CHAPTER I
HOW IT BEGAN

PAULA MARQUEZ ---- MAXIMIANO ROMERO ----1905

My Grandfather and my Step-Grandmother

Although this started out in 1981 to be a collection of my father's

proverbs and sayings, the fact that these sayings have been handed down by many generations encourages me to put in some family history (albeit sketchy).

Because I have a copy of my fraternal grandfather's autobiography (originally written by his own hand) written expressly to my father, it too is included, along with some old family photographs and newspaper clippings.

I traveled to Spain, France and Mexico for my research. While in Santa María de Los Ángeles, Mexico, I was able to find village documents written by my grandfather, who had been the Notary of the Tribunal.

In the winter of 1981, I visited my parents' hometowns. I interviewed many friends and relatives, hoping to seek out information that might give me a clue as to where our family began both in Mexico and in Europe. People who might have had this knowledge have long since died. There was no written record that I could find that went that far back. I can only guess based on what relatives and friends could remember hearing.

When I tried to record my father's voice recounting his own life, I stopped the machine when he began to sob as memories flooded his senses. I could not bear this. My mother would just not talk into a microphone. She disliked the recorded sound of her voice. She said the recordings sounded ugly and she would not have anything to do with any of THAT.

Perhaps some of her own memories also were too hard to bear.

In 2018, with the help of modern technology, I began updating and correcting information whenever possible.

José Nieves Romero Covarrubias,* my father, wrote down his collection of proverbs and sayings in his own hand and gave them to me in 1971.

Mexican people have a saying to fit just about any occasion. My father was no exception. This tradition of proverbs and sayings were a natural part of his everyday conversations. Young people enjoyed being with him and when asked for advice, my father would often season his thoughts with legends and sayings.

*Note: José Nieves Romero Covarrubias' name comes from a Mexican tradition that says a male must add his mother's maiden name to his father's surname. María del Refugio Covarrubias was his mother's name. José Nieves translates in English to Joséph Snows. Why Snows? Because he was born on the day dedicated to Our Lady of the Snows. The legend says that Mary appeared to some townspeople in Rome, Italy, in 352 AD. She asked that a church be constructed and a sign would be sent. On a hot August 5th of that year, a heavy snow covered Esquiline Hill. A miracle was declared and the devotion to Our Lady of Snows began.

CHAPTER II
MY FATHER'S COLLECTION OF PROVERBS AND SAYINGS

JOSÉ NIEVES ROMERO IN 1971

A FULL BELLY MAKES A HAPPY HEART.

ON A DOWNHILL SLOPE, EVEN THE ROCKS WILL ROLL.

YOU CAN LEAD A HORSE TO WATER BUT YOU CANNOT MAKE HIM DRINK.

A ROLLING STONE GATHERS NO MOSS.

HE WHO WANTS THE CALF, HAS TO BUY THE COW.

IF YOU WANT SOMETHING DONE, BETTER DO IT YOURSELF.

HE WHO WOULD CHASE AFTER TWO HARES WILL CATCH NEITHER.

WHAT YOU DO BY NIGHT, APPEARS BY DAYLIGHT.

AS IS THE LABOR, SO IS THE REWARD.

THERE IS NO DISHONOR IN POVERTY.

HE WHO LIKES THE SUN, ALSO LIKES THE SHADE THAT SHELTERS HIM.

EVERY COUNTRY HAS ITS CUSTOMS, EVERY HOUSE THE SAME.

NO WEEDS WILL GROW IN A FURROWED FIELD.

A PERSON WHO LIES AND IS CAUGHT, WHEN TELLING THE TRUTH IS NOT BELIEVED.

THERE'S MANY A SLIP TWIXT THE CUP AND THE LIP.

UNLESS THE OCEAN RUNS DRY, WILL I EVER FEEL ITS WAVES REFRESH ME.

ONE SHOULD BE SURROUNDED BY GOOD FORTUNE, NOT HAVE TO SEARCH FOR IT.

FEATHERS MAKE THE BIRD.

AN OPEN GATE TEMPTS EVEN A SAINT.

DO WELL AND HOLD UP YOUR HEAD.

IF YOU WANT TO KNOW SOMEONE, YOU MUST LIVE WITH THAT ONE.

BETTER TO PAY ATTENTION TO WHAT WILL BE THAN TO WHAT WAS.

YOU CAN'T WALK IN THE PROCESSION AND RING THE BELLS AT THE SAME TIME.

A PLACE FOR EVERYTHING AND EVERYTHING IN ITS PLACE.

WHEN YOU ARE HUNGRY, THERE ISN'T ANY STALE BREAD.

ONE CAN WITHSTAND DIFFICULTIES IF THERE IS BREAD TO GO WITH THEM.

HE WHO FAILS TO PLAN AHEAD, WILL FALL BACKWARD.

THE MOST HONEST PERSON TURNS THIEF WHEN TEMPTATION AND OPPORTUNITY ARE PRESENT.

FOREWARNED IS FOREARMED.

HE WHO HAS NEVER OWNED WEALTH AND COMES TO OWN, CRAZY HE BECOMES.

NOTHING IS SECRET THAT SHALL NOT BE MADE KNOWN.

EVERY CLOUD HAS A SILVER LINING.

HE WHO FOR ANOTHER PLEADS, FOR HIMSELF ALSO PLEADS.

DO NOT DO UNTO OTHERS THAT WHICH YOU WOULD NOT WANT DONE TO YOURSELF.

MONEY MAKES THE WORLD GO ROUND.
TELL ME WHO YOUR FRIENDS ARE AND I WILL TELL YOU WHO YOU ARE.

HE WHO GETS WET EARLY HAS THE TIME TO GET DRY.

RELATIVES AS ALSO THE SUN—THE FARTHER AWAY THE BETTER.

HE WHO SERVES WILL ALSO BE SERVED.

A LIE LASTS ONLY UNTIL THE TRUTH APPEARS.

LIFE IS SHORT BUT YOUTH IS SHORTER.

WHEN LOVE CHALLENGES MONEY, MONEY HAS MORE WEIGHT THAN LOVE.

HE WHO HAS SOMETHING, HAS A VALUE. HE WHO HAS NOTHING, HAS NO VALUE.

HE WHO TELLS THE TRUTH DOES NOT SIN BUT ONLY INCONVENIENCES.

EQUALLY GUILTY IS THE ONE WHO KILLS THE COW AS THE ONE WHO HOLDS ITS FOOT.

WHERE THERE IS LIFE, THERE IS HOPE.

JUST AS LIFE CONTINUES SO DO THE DEBTS THAT ONE MUST PAY.

THERE IS MUCH DIFFERENCE BETWEEN FANTASY AND REALITY.

IT TAKES AMBITION TO BECOME A SUCCESS.

A JOB POORLY DONE GETS MORE ATTENTION THAN A GOOD WORKER.

THE MOST INTIMATE FRIEND CAN BE A TRAITOR AND THE MOST TRUTHFUL A LIAR.

NEVER TAKE THE PATH INSTEAD OF THE ROAD.

HE WHO SPITS UPWARD, IN HIS FACE IT WILL FALL.

HE WHO GRABS TOO MUCH WILL HOLD LITTLE.

HE WHO ARISES EARLY IN THE MORNING, LOSES AN HOUR OF SLEEP BUT GAINS IN HIS WORK.

NOT EVERYTHING THAT SHINES IS SILVER.

NEVER EXCHANGE GOLD FOR SILVER.

A BIRD IN HAND IS WORTH MORE THAN ONE HUNDRED FLYING.

THE BEST BULLFIGHTER IS THE ONE THAT IS IN THE BULLRING.

EXPERIENCE IS THE BEST TEACHER.

A CLOSED MOUTH CATCHES NO FLIES.

HE WHO FINDS A GOOD TREE FINDS GOOD SHADE.

BETTER TO GO AT A SLOW PACE THAN AT A FAST PACE THAT TIRES.

My father always had time to visit with everyone, young or old. Everyone, that is, except with my mother's lady friends when he was in his old work clothes. He would shyly greet the ladies, even offer them a little stemmed glass of sweet wine. When my mother and her company were seated comfortably with their refreshments, he would silently disappear from the room. Quite often, a lady would gasp, "Good heavens! What happened to Joe?"

Sometimes, as a young child I would be sent off to look for him. There were so many places to look. Was he upstairs in the bedroom? Maybe he was in his "shop," a little shed which he had made his retreat. Sometimes I would find him just sitting quietly in the car. His pride and joy was a 1939 green four-door Oldsmobile. Here, when I would find him, he would shake his head at me, signaling that he REALLY wasn't there at all. By the time I returned to give my report, I had the feeling that the ladies' conversation was so delicious, that both my father and I had been totally forgotten.

In time, I also learned to disappear before, "Mary Beatrice, please play your new piano piece."

Sometimes I had to be coaxed. But I need not have worried over playing wrong notes, as I was nearly always background music for my mother's company conversation.

MARIA BEATRICE ROMERO Y ABUELITA DOMINGA

In front of my Aunt Josephine's House, Samoa, California - 1934

Since I was an only child, my parents spent much of their time with me. Everywhere they went, I went along. About the only exceptions were Papá's Knights of Columbus meetings and Mamá's meetings of the Young Ladies' Institute. Once a month, Papá went on a Tuesday night; Mamá went on a Wednesday night.

Although my parents were both born in Mexico, in the same state of Jalisco, they did not know each other before coming to live in Eureka, California. This small lumbering, fishing and dairy town is located far to the north in California right beside the Pacific Ocean. "El Destino" (Destiny), they would say when I would ask them again and again to tell me how they met ... "El Destino." Destiny.

This is the story of how my parents met.

My father worked at the Hammond Redwood Lumber Company across Humboldt Bay in the small mill town of Samoa.

My mother's two brothers, Jesús and José Cabrera, who also worked there, became close friends with my father. Jesús, who liked to play the guitar and sing, began to accompany my father, who played the mandolin. José devoted his spare time to classical Latin dancing, becoming popular enough that the *Humboldt Times* called him, "The Rudolph Valentino of the Dance."

Meanwhile, Jesús and José Nieves Romero (my father) were entertaining at small parties and acquiring reputations as musicians. Eventually, they were invited to play for Ms. Lena Guidery's Night School Class. "English for Foreigners," it was called. My mother Beatriz and her sisters, María and Pachita, attended these classes, along with their chaperone, my grandmother Dominga. It was not long after that first Night School Musicale that Señor Romero was invited to the Cabrera home. He had impressed my grandmother by his dignity and courtesy.

José Nieves lived a block away down the same Sixth Street as my mother. She frequently would be sweeping the front steps when my father walked by. He would tip his hat and she would shyly smile and then quickly disappear behind the enormous front door.

When I was no longer a child, my father would add to the story, "How could I escape? I didn't have a chance."

Then he would smile broadly and delightedly, knowing my mother was within hearing distance. She would vehemently deny any such plot on her part and then say, "You know that's not true! You know that's not true! You would have really liked that!"

My father would gleefully chuckle.

THE TRUTH DOES NOT SIN BUT IT ANNOYS.

They married in Eureka with my Aunt Mary Cabrera and my father's best friend, Jim Campbell, as their attendants.

Beatrice and Joe Romero, Eureka, California - 1973

CHAPTER III
ROMERO, THE DEFINITION

The Spanish surname ROMERO can mean: pilgrim, an herb, an adjective, and/or traveling on religious account.

This surname can be found in many countries of the world. Just exactly where my father's people came from is not certain. Maximiano Romero Ramirez, my grandfather and José Nieves' father, was born in Santa María de los Ángeles, Jalisco, Mexico. This town is situated in the northeastern part of the state near the Zacatecas border. Being on the banks of the Colotlán River, it is rich in farmlands. It is noted for the bountiful crop of avocados it harvests every year.

Neither Maximiano's name nor his wife's (María del Refugio Covarubias) appear in the Registry of Births in the town. The local church does not contain their baptismal records either.

This can be attributed to several reasons, the main three being that:

1.) The revolutionaries frequently looted and burned public offices.

2.) Public records were not kept at that time as everyone knew and remembered dates and events, the town being so small.

3.) It is possible that through neglect and passage of time, the copies became weathered, faded and ultimately destroyed by natural elements.

MAXIMIANO ROMERO IN HIS OWN WORDS

In 1928, Maximiano wrote his autobiography and sent it to my father:

> According to my knowledge, I was born in August of the year 1861. My parents were Tomas Romero and Marcelina Ramirez. I was born during the revolutionary years against the French. My birth certificate is not

recorded in the civil archives. I must have been around six years old when through this town journeyed the French military forces that were leaving the country, and because of this I came to be acquainted with them.

I was around eight years old when I started school with the Morales ladies. This was where I learned the first letters of the alphabet. I would take with me gorditas in the morning and then would return home in the late afternoon. These ladies (Morales) lived at the entrance of the Barrio de Tapias. After the Government School was opened, I attended school there for a few years. I had many teachers. The school year was from January to June.

When the rainy season would commence, school would close without a single final exam. This would happen every year. The last teacher that I had was Don Antonio Soto, who taught me the little I know today. He was the teacher for many years and when school would close (for vacation), I would go to his house and he would continue to give me lessons, especially in mathematics, which was my favorite subject.

Thus passed the time until at 18 years of age I went to work and would earn the wretched daily sum of 18 centavos from sunup to sundown.

In the year 1880, my father died and it was I who now supported the family. This same year I began working for the house of Mendez. I was the keeper of the keys of the granaries, earning 10 pesos a month and provisions every week. My situation improved a bit.

At the beginning of the year 1881, I began as a clerk for the same company earning the wage of 25 pesos a month and they also gave me board and room. Here I remained only about a year and a half because they sold the business.

In the year of 1882 I went adventuring. I started out for Guadalajara. I continued to Tepic until I reached the port of Mazatlán. I stayed there awhile working and when I returned in January of 1883, I crossed the Sierra Madre and left for Durango. I made the journey on foot in nine days. I stayed in Durango three days. I then set out for Sombrerete and then reached Zacatecas on the 5th day of February. After two days I got a job with the engineers who were surveying the line for the railroad.

We left for Aguascalientes and went as far as Villita de Encarnacion. Then we turned back and followed a course to Fresnillo until we arrived at San Juan de Guadalupe. I was then earning 1 peso daily in work that was very easy because I knew numbers. We came again to Zacatecas and then I came to see my mother (in Santa María de Los Ángeles). I stayed without leaving for another place, working in whatever I could find, that is to say, doing common, ordinary jobs.

In 1886, I began to lend my services to the local government offices. This same year I married and ceased to venture about. I worked as a clerk in the Court of Justice for five years.

In the year of 1894 I was named Notary of the Tribunal. I also remained there five years.

In June of 1899 I went to Colotlán and it is a fact that by then you were in school, likewise the girls (your sisters).

In 1901 I was in the Hacienda del Cuidado employed in the Office of the Tribunal. Then again for the second time I acquired the position (Notary of the Tribunal in Santa María) in which I stayed for 25 continuous years until I left the 31st of March of the present year (1928). This is where I expended my energies.

In May of 1905 I married for the second time.

On December 10 of 1916 I began to suffer an illness, paludal fever, according to medical opinion. I struggled between life and death. It took me finally two months to regain my health.

These roughly are the dates of most importance of the story of my life, of which I can best remember.

Santa María de los
Ángeles, Jalisco
July 27, 1928
Maximiano Romero Ramirez
August 21, 1861 – March 31, 1931

CHAPTER IV
JOSÉ NIEVES ROMERO
HIS STORY

My father, José Nieves Romero Covarrubias (his family called him

Nieves) was born on August 5, 1890, in Santa María de los Ángeles.

Situated on the northeastern border of Jalisco, it is in a remote area

that still boasts of a year-round bridge that doesn't get washed away

by floods. Although small, the town was a bustling community rich

in agriculture, which gave the residents economic power. There was

always enough to eat.

Born the first male after two sisters, Ynez and María, Nieves

was loved and pampered by his parents and grandparents. His

memories from childhood were of great family gatherings. Much music, laughter and, of course, many religious occasions filled his young life.

Six kilometers away in Colotlán lived his Aunt Tomasa Romero and Uncle Pedro Macías. There were six children in the Macías family. The Romeros would go there, sometimes riding on horseback, other times walking, to attend both church and family celebrations.

When Nieves was around 13, his mother, María del Refugio Covarrubias Romero, died in childbirth. She left seven children ranging in age from almost 2 to 16 years. Nieves was inconsolable. When father Maximiano began to court his soon-to-be stepmother, Nieves left home and went to stay in Colotlán with the Macías family. His father went to bring him home again. He wanted Nieves and his other children to understand how lonely he was, how he hoped to make a home again for them with a new mother. So that everyone would be happy, Maximiano added a wing to the existing family home and installed his new wife, Paula Marques. She was a young pretty widow of 21 with a little daughter named Mathilde. Maximiano now was 45 years old. Their marriage took place on March 18, 1905, in Santa María de los Ángeles.

Nieves left home again in 1906, this time with his father's blessing and 20 shiny silver pesos in his pocket. The actual route he took to come to the United States is not certain. Nieves traveled by foot and many times had to retrace his steps because of bad roads due to the weather. Other times, he followed the building of the railroad. In fact, he crossed and re-crossed many times as was the custom of many workers from both Mexico and the United States.

The main way to ship fresh fruits and vegetables was by ice-chilled railway freight cars. I remember a story my father told about finding some broken cantaloupes along with chunks of ice that had fallen during the loading of a freight train. The ice had left the melons very cold. It was a very warm day and Nieves had been without food all day. He started to eat the cantaloupes and, because they were so cold and delicious, he ate several. He didn't give the consequences of this feast another thought … until later that night and into the next day! How he would laugh each time he told this story.

WITH HUNGER THERE IS NO STALE BREAD

Nieves worked at whatever jobs he could find and do. He used to tell me about the 20-mule team that hauled borax near Mojave.

Another time he went to Stockton where the canal was being constructed to bring water into the San Joaquin Valley. A job he really liked was working for a Japanese man who was called The Potato King. This was somewhere by Sacramento. It was during this time that Nieves learned to like Japanese food and also the Oriental bathing ritual. Because of his work ethics, Nieves acquired the title "Number One."

My father also would tell me about a small place near the city of Los Angeles called Lankershim. Set between Los Angeles and the San Fernando Valley, Lankershim was where the horse-driven stages stopped to change horses and rest. Where once there were nearby fields of watermelons, today hundreds of automobiles from all over the world pass by. It is now called the Hollywood Freeway and Lankershim has become North Hollywood.

One time many years later, when my father took my mother and me on a train trip to Los Angeles, he showed us a street right in the center of the city. It was near Hill Street. "Here," he said, "I helped put in the tracks for the trolley."

He stopped to remember a moment and, after a long while, he turned to me. Giving a big sigh, he philosophized,

"LIFE IS SHORT AND YOUTH IS SHORTER."

In the early 1920s, while my father was working on the road that was to connect Humboldt and Trinity Counties near Willow Creek, California, there was an explosion. One man was killed and Nieves was completely covered with earth. Fortunately, other workers were able to dig him out alive. He was rushed to the hospital in Arcata that was several miles away. He remained unconscious for three days. When he revived, Nieves found that his leg had been broken in the accident. He could not work for many months.

While he was recovering, he began to enlarge his English vocabulary. It was very difficult, yet he taught himself to read and write this new language fluently.

Later, when he was able to work, he went to the Hammond Redwood Lumber Company. Located in Samoa, it was near Eureka and Arcata. Who would have known that there he would stay and work for more than 35 years? Or that he would marry and remain in Eureka for more than 58 years?

José Nieves lived to celebrate his 88th birthday. It was a year after Pope Paul VI had bestowed upon him the BENEMERENTI MEDAL, an honor he accepted humbly with great dignity. He was deeply moved by this honor and dreamed of traveling to Rome. He personally wanted to thank the Holy Father and shake his hand.

Although Paul VI had died and it was Pope John Paul II, I fulfilled his dream for him on October 29, 1980.

IT IS NEVER TOO LATE WHEN GOOD THINGS ARRIVE.

CHAPTER V
THE CABRERA FAMILY
THE HISTORY

The Spanish surname CABRERA comes from the word "cabra," meaning goat. There is an island off the coast of Spain, part of the Baeleric Islands, called Isla Cabrera. Since it had been rumored that the Cabrera family had come from or originated either there or Spain, I journeyed to find out if there was some familial history that I could uncover and make known to the rest of the family. I traveled to Spain, France and Mexico for my research.

The island now is a Spanish military installation that once was a prison for French soldiers captured during the wars between Spain and France. About 8,000 French prisoners-of-war at one time or another were put on this tiny island and were left there to fend for themselves. There was virtually nothing on this land except for goats that scampered up and down the rugged terrain.

The prisoners had to construct their own makeshift quarters and dig their own well. Many died during this time as there was little food and the living conditions were disgracefully poor.

According to documents that I was permitted to research in the National Library of Majorca, only about 800 men lived to be finally rescued and shipped back to Spain and France.

It is said that, because of the notoriety of being prisoners, some of the men gave up their French or Spanish surnames and simply used the name Cabrera. Another popular notion is that the children of these men did not get to know their fathers and used the name Cabrera for lack of any other.

The surname Cabrera can be found in many European countries. I located a Santos Cabrera (same name as my great-grandfather's) in Nice, France. When I talked with him, I asked him if he had any knowledge of where his people had come from and he was not able or willing to give me any information.

In 1981, it was frustrating to be so close and not be able to get the information that I was seeking.

There were various Cabreras that I was able to contact and, although the conversations were pleasant and sociable, people seemed uneasy with my questions. I can only assume that in some cases they really did not know the family history or were only mildly or not interested. Still others maybe found it difficult to believe that I was gathering this material as a historian only, and was not interested in uncovering a lost legacy, etc.

CHAPTER VI
FROM GUADALAJARA, MEXICO, TO EUREKA, CALIFORNIA

My mother, María Beatriz Cabrera, was born in Santa Catarina in the state of Jalisco, Mexico, on the 29th day of July, 1895. The oldest of seven children, she was very close to her mother Dominga and her father Quirino. The brothers and sisters followed quickly in succession. But when Beatriz (her family did not call her María) was only 9, her father died suddenly. It was very traumatic for the family. The youngest child was 3 months old.

Mother Dominga had not been involved in helping to run her husband's ranch. Little by little, the Cabrera property and finances dwindled to nothing and Dominga was left without resources to provide for her children. She began to sew fancy shirts for men and dainty trousseaus for brides. Dominga's sister, Fermina, was married to a prominent landowner in Zacoalco de Torres. Juan Diaz Rivera's heart was as big as his land holdings. Together, Fermina and Juan gathered the Widow Dominga and the little Cabrera children into their home and protection. There they stayed until 1910 when Beatriz and her mother and sisters moved to Guadalajara. Just one brother, Jesús, went along. The two oldest brothers, Santos and Exiquio (now called José) stayed behind in Zacoalco to work for Tio Juan.

Beatriz helped her mother in her sewing and also held jobs in retail stores. Her favorite was La Dulcería La Nacional in Los Portales in the bustling downtown area. The clerks were treated very well by the owner, Juan Montoya. Beatriz remembered the delicious punches and pastries that were frequently passed around.

In 1912, sister Joséfa (called Joséfina) married Álvaro Toscano, a young man who openly opposed the local politicians (El Cacique) in power.

There being a price on his head, one night in the year 1917, he and Joséfina slipped quietly and quickly away. They made their way out of Jalisco, out of Mexico, across the Rio Grande into Texas, and eventually into California. They came all the way to a little town in the far north of California called Samoa. Samoa was a redwood logging settlement belonging to Hammond Redwood Lumber Company.

When Dominga heard that they were safely out of reach of unfriendly forces, she rejoiced and quietly made plans to someday join the Toscanos in that faraway lumbering community. Little did she know what terrible tragedy would hasten these plans.

Joséfina was at home one rainy day tending to her household duties, which included taking care of their small son Rubén. The door burst open and her neighbor told her to come quickly; there had been an accident at the mill. More neighbors rushed inside.

"Leave the child, he'll be looked after!" was the shouted order.

Joséfina, with her heart pounding, did was she was told and ran to where her Álvaro was working. She wasn't allowed to see him. A piece of log had gone crookedly into the saws and jammed the machinery.

Álvaro had tried to loosen the lumber, only to be caught like a fish on a hook by the deadly forks. It seemed to Joséfina that the rain fell faster and the sky darkened even more at that moment.

The families in Guadalajara were notified and Dominga quickly made plans to go help her daughter and only grandchild. Since Jesús had already come to the United States, he and Joséfina helped with the arrangements. It was decided that Dominga could not travel alone. An Aunt Serafina accompanied her as far as San Francisco.

The daughters were left in Guadalajara with a distant aunt.

There is not much information or details known about this trip. There is a document showing that my grandmother Dominga crossed the border of the United States on the El Paso Electric Railway Co., in El Paso, Texas, the 16th of January of 1922. It further says on her application that the object of the trip was to "bring home a daughter who resides in that place, San Francisco."

After being in Samoa a short time, Dominga sent for the rest of the family left in Mexico. This was the time of political change. Revolutionary Francisco "Pancho" Villa and outlaws roamed the countryside, making it unsafe, especially for young ladies. Dominga did not want her daughters, although living in a city, left in this environment.

Beatriz was 26 years old when she and her two sisters, María Brigida (Mary) and Pachita (Frances) crossed the bridge at El Paso, Texas on March 10, 1922, after each paying a head tax of $8.

Now none of Dominga and Quirino's children were left in Mexico. Santos had come to work in Kansas. José had come to work in Texas and later also went to Kansas. Even later, he would come to work in Samoa and stay in Eureka until 1964. In that year he and his wife, Teresa Flores, would return to live in Guadalajara for the remaining years of his life. (As of this writing, Teresa remains in Guadalajara.)

Across Humboldt Bay from Samoa is the city of Eureka. Here the Cabrera family moved into a Victorian house that had been floated across the bay from Arcata. Arcata was still another bayside town, now the site of Humboldt State University.

Beatriz and sisters stayed with Mother Dominga in Eureka, working at Daly Bros. Department Store. She learned to operate the elevator. Her favorite story from that time was about the day she got the elevator stuck for several hours between floors. What a celebrity she became that day!

In 1927, Beatriz and her sister Mary and brother John (Jesús changed his name to John and Beatriz to Beatrice) went to San Francisco to enroll in the California School of Cosmetology on Market Street to learn the skill of hairdressing. They all passed the required exams and became licensed cosmotologists. Beatrice would later own and operate Artistic Beauty Shop in Eureka for more than 40 years and her hairdresser's license would not expire until after her death in 1980.

Meanwhile, during her two years in San Francisco, Beatrice (no longer Beatriz) was frequently exchanging letters with Mr. Joseph N. Romero (no longer José Nieves) with whom she had become engaged. A Christmastime wedding was planned.

Beatrice became Mrs. Joseph N. Romero on December 21, 1929, in Eureka. Father Ryan performed the ceremony in St. Bernard's Catholic Church. They were attended by good friend James Campbell and sister Mary Cabrera. The newlyweds boarded the Northwestern Pacific Train bound for San Francisco. Because they only had an extended weekend for a honeymoon, they got off the train at Willits and stayed at the Willits Hotel.

Beatrice and Joe returned to their new little home on A and Long Streets in Eureka. On October 22, 1930, I, Mary Beatrice, was born. A few months later, Beatrice had an emergency surgery. To the family's sorrow, there would be no brothers or sisters for the new baby.

During these Depression years, because work was not steady, payments for the new house could not be met. The Romeros moved into the Cabrera Victorian home, which had been converted into apartments. My grandmother Dominga had been living alone. Joe helped his mother-in-law tend the big vegetable garden. They also raised rabbits and chickens.

Around 1933, sister Mary also moved back to Eureka. She and Beatrice opened their beauty shop on Fourth Street. Financially, things got better now that Joe's work was steady. The future began to look brighter. Then it happened.

One night, during the year of 1934, fire broke out in one of the rented apartments. What confusion amid fire sirens and shouts! Everyone was rescued safely but the old Victorian house lost its stately third floor.

Two important events occurred in 1937. Dominga Cabrera slipped into unconsciousness and died five days later. This was in February.

The three-bedroom, two-story house that Joe Romero built of the finest redwood lumber, located next to the Victorian, was completed. The three Romeros moved into 1315 Sixth Street in the autumn of that same year. Beatrice now worked by herself in her Artistic Beauty Shop that Joe had built on the N Street side of the Cabrera home.

Years went by. Joe and Beatrice became proud United States citizens. Mary Bea graduated from Nazareth Academy, Eureka Senior High School and Humboldt State College. (Years later María, name changed, would finish grad work and graduate from Stanford University. Her two children and parents would witness this exciting moment.)

The Romero family had another wedding at St. Bernard's Church in 1957 when Mary Bea and Jim Scott were married. Now Bea and Joe traveled often to Redwood City in California where the Scotts made their home.

Lisa, the first grandchild, was born. The Romeros were delighted. Three years later, new baby Joseph (Joey) completed the

Scott family and all were overjoyed because now there was a little boy and a little girl to love.

During these past years, Joe had retired from Hammond Redwood Lumber Company, which by then had become Georgia Pacific Co. (Still later, it would become Louisiana Pacific.) A priest at St. Bernard's, who had become a good friend, asked Joe if he would consider "helping out a while at the church while the regular man is on vacation." Joe thought it would be a good idea. Beatrice, meanwhile, continued working in her beauty shop, which now was in a big new building on the corner of Fifth and N Streets.

"Helping out a while at the church" lasted nearly six years, because the regular man never returned to reclaim his job. Joe enjoyed the priests' company, and it was work that he took very seriously. Sometimes he would take young Joe with him and teach him the importance of work ethics.

Yet to this day, stories also abound recounting Joe's playful sense of humor on the job. For example, Joe very carefully locked up his many work tools every day before leaving for home. But one older priest restored old autos as a hobby and would "borrow" Joe's tools as needed. Often, a certain tool would be missing from Joe's toolbox. But he always seemed to know where to look for it. Not one word was ever said, until one day Joe could not find several of his tools.

Upon returning from purchasing replacements, Joe opened up his toolbox to find his missing tools inside. With a smile he then unwrapped the new tools and placed them prominently, along with the receipt, beside the car being restored. Then it was time to go home.

The next day Joe started his morning by unlocking his workshop only to find a big homemade pie beside his toolbox. It turned out that both the priest and the housekeeper were teasing Joe over his beloved tools. Joe enjoyed the game, but the delicious pie even more.

In 1967, the Scotts moved to Sunnyvale, a small city near San José. Grandpapa packed up all his paint brushes and tools and came to help put the "new" house in order. Everyone was so very happy.

Joe Romero became terminally ill in the spring of 1978. Then both he and Bea went to live with the Scott family in Sunnyvale. The house in Eureka they had built stood lonely and silent.

IT'S NEVER TOO LATE... NUNCA ES TARDE... A BILINGUAL STORY

In Mountain View on September 26, 1978, at El Camino Hospital, Joseph Nieves Romero left his beloved Beatrice. He had blessed the whole family before going to sleep forever.

Beatrice lived on a little over two years. Having been married almost 49 years, she missed her Joe so very much. Death took her quietly on December 11, 1980, in the Sunnyvale Convalescent Hospital.

Joe and Bea both rest in a grassy plot in Eureka, overlooking Humboldt Bay.

THE ROMERO-SCOTT FAMILY:
(clockwise from upper left) Jim, María, Lisa, Joe,
Beatrice and Joey - 1968

NUNCA ES TARDE . . .

CUANDO EL BIEN LLEGA

IT'S NEVER TOO LATE . . .

WHEN GOOD THINGS ARRIVE

THE STORY STILL CONTINUES . . .

ABOUT THE AUTHOR

With a rental electric typewriter, María Beatrice Romero began a Spanish-English story, "Nunca Es Tarde/It's Never Too Late," in 1981. She updated and enlarged this story in 2018.

She has been a "closet" writer for most of her life, having started her love affair with reading and writing in grade school under the instruction of The Sisters of St. Joséph of Orange. With her first library card at the Eureka Public Library and with guidance from Head Librarian Helen Bartlett, she continued writing.

One of her first jobs was writing a weekly column in *The Humboldt Times* as "Eureka Senior High's Correspondent." She has written family articles published in "The Humboldt Historian."

To her delight, her children, grandchildren and great grand-children share her literary passion. She resides in the San Francisco Area.